Stray Birds

〈원문 출판사의 권고〉

이 책은 고전이므로 지금 시대에 쓰인다면 가치관이
다르게 쓰일 수 있습니다. 따라서 어린이가 읽을
경우에는 현재의 변화된 윤리관, 성 관념, 민족관,
세계관 등과 관련하여 부모와의 대화가 바람직합니다.

2008 Wilder Publications

길 잃은 새
Stray Birds

라빈드라나드 타고르 지음
최병국 옮김

〈번역시 배려한 준칙〉

1. 원문의 섬세함을 이어받기 위하여 되도록 직역했다.
2. 우리말의 함축성에 의하여 형식적 중복 낱말을 되도록 줄였다.
3. 언어 형태의 차이로 능동/수동형을 바꿔 옮긴 경우가 잦다.
4. 너무 압축되어 이해하기 어려운 문장은 조금 풀어 옮긴 것도 있다.
5. 낱말의 내포성內包性을 중시하여 우리 정서에 맞는 다른 낱말로 옮긴 것도 있다.
6. 민감하고 복잡한 문장은 사전적辭典的 옮김보다 형상을 옮기는 데 중점을 두었다.

| 번 역 자 의 말 |

이 글은 타고르가 벵골어로 쓴 작품 중에서 여러 부분을 뽑아 영어로 손수 옮긴 것이다. 동양인이 읽을 것을 기대하여, 1916년 일본 첫 방문 시 전달되면서, 일본 전통 시가詩歌인 하이쿠俳句와 와카和歌에 가까운 짧은 문장으로 엮어져 있다.

영어 원본은 당시 생사生絲무역으로 부호가 된 하라 토미타로原富太郞에게 전달된 것으로 되어 있다. 그의 저택인 요코하마의 산케이엔三溪園(약 5만 평)은 지금도 보존되어 있다.

4년 전(1912년) 영국에서 예이츠가 감탄한 『기탄잘리』는 타고르의 명상을 산문시로 표현한 반면, 이 글은 촌철살인寸鐵殺人의 단문으로 표현하여 또 다른 감회를 준다.

기존 번역문이 있으나 난해한 문장으로 옮겨져 청소년이 읽기에 적절치 못함이 안타까워 새로운 번역을 시도했다. 아울러 독자의 참고를 위해 원문을 함께 실었다.

치열한 삶을 앞둔 젊은이들이 이 글에서 삶의 길에 양식이 될 좌우명을 얻을 수 있으면 더 없는 보람이겠다.

Rabindranath Tagore
(1861~1941)

1

길 잃은 여름 새가 내 창가에 와서 노래하고 날아갑니다.
그리고 노란 가을 잎이 노래 없이 한숨지며 나부끼다
떨어집니다.

Stray birds of summer come to my window to sing
and fly away. And yellow leaves of autumn,
which have no songs, flutter and fall there with a sigh.

2

세상의 어린 방랑자 무리여,
내가 하는 말에 너희 발자국을 남겨다오.

O troupe of little vagrants of the world,
leave your footprints in my words.

3

세상은 자기가 사랑하는 이 앞에서는 거대함의 탈을 벗습니다.
그것은 단 한 가락의 노래처럼, 단 한 번 영원의 키스처럼 작아집니다.

The world puts off its mask of vastness to its lover.
It becomes small as one song, as one kiss of the eternal.

4

땅이 꽃 속에 미소를 지니는 것은 그 땅의 눈물입니다.
It is the tears of the earth that keep her smiles in bloom.

5

거대한 사막이 풀잎 하나를 사랑하려고 타고 있는데,
풀잎은 고개 젓고 웃으며 날아가 버립니다.

The mighty desert is burning for the love of a blade of grass who shakes her head and laughs and flies away.

6

태양을 못 봤다고 눈물 흘리면, 별마저 못 봅니다.
If you shed tears when you miss the sun,
you also miss the stars.

7

춤추는 냇물아, 네 길의 모래가 너더러 노래하며 움직일 것을 애걸한다. 너는 그것들의 절름발이 짐을 옮겨주려느냐?
The sands in your way beg for your song and your movement, dancing water. Will you carry the burden of their lameness?

8

그녀의 아쉬워하는 얼굴이 밤비처럼 내 꿈에 나타납니다.
Her wistful face haunts my dreams like the rain at night.

9

전엔 우리가 남남인 줄로 꿈꿨습니다.
깨어 보니 우리는 친구였습니다.

Once we dreamt that we were strangers.
We wake up to find that we were dear to each other.

10

슬픔이 조용한 나무들 가운데의 저녁처럼,
내 마음에 평화로 잦아듭니다.

Sorrow is hushed into peace in my heart
like the evening among the silent trees.

11

보이지 않는 손가락이 한가한 미풍처럼 내 마음에
물결 소리를 연주합니다.

Some unseen fingers, like idle breeze, are playing upon
my heart the music of the ripples.

12

"바다여, 너는 무슨 말을 하느냐?"
"끝없는 질문을 합니다."
"하늘이여, 너는 무슨 대답을 하느냐?"
"끝없는 침묵을 답합니다."

"What language is thine, O sea?"
"The language of eternal question."
"What language is thy answer, O sky?"
"The language of eternal silence."

13

내 마음아, 너와 사랑을 맺으려는 세상의 속삭임에 귀 기울여라.

Listen, my heart, to the whispers of the world with which it makes love to you.

14

창조의 신비는 밤의 어둠과 같습니다.
- 그것은 위대합니다.
지식의 환각은 아침 안개와 같습니다.

The mystery of creation is like the darkness of night
- it is great.
Delusions of knowledge are like the fog of the morning.

15

당신의 사랑이 고귀하다 하여 벼랑 위에 놓지는 마십시오.

Do not seat your love upon a precipice because it is high.

16

오늘 아침 창가에 앉으니 세상이 길손처럼 잠깐 서서
인사하고 지나갑니다.

I sit at my window this morning where the world like a
passer-by stops for a moment, nods to me and goes.

17

이 조그마한 생각들은 나뭇잎 바스락거리는 소리입니다.
내 마음에 기쁨을 속삭입니다.

These little thoughts are the rustle of leaves; they have their whisper of joy in my mind.

18

당신은 당신이 무엇인지 보지 못합니다.
당신이 보는 것은 그림자입니다.

What you are do not see,
what you see is your shadow.

19

주님, 저의 소원은 멍청한 것들입니다. 그것들은 당신 노래보다 더 크게 소리칩니다. 오직 듣게만 하여 주십시오.

My wishes are fools, they shout across thy songs, my Master. Let me but listen.

20

나는 최선最善을 선택할 수 없습니다.
최선이 나를 선택합니다.

I cannot choose the best.
The best chooses me.

21

등불을 등에 지고 가는 사람은 자기 앞에 그림자를
드리웁니다.

They throw their shadows before them
who carry their lantern on their back.

22

내가 존재한다는 것은 끝없는 놀라움입니다,
그것이 삶입니다.

That I exist is a perpetual surprise which is life.

23

"바스락거리는 나뭇잎인 우리는 폭풍에 대답하는 소리를 갖고 있는데, 이렇게 소리 없는 당신은 누구십니까?"
"나는 단지 꽃입니다."

"We, the rustling leaves, have a voice that answers the storms, but who are you so silent?"
"I am a mere flower."

24

눈꺼풀이 눈에 속하듯 휴식도 일에 속합니다.

Rest belongs to the work as the eyelids to the eyes.

25

사람은 갓난아기입니다, 그의 힘은 성장력입니다.

Man is a born child, his power is the power of growth.

26

하느님은 우리에게 주시는 꽃다발에 대한 답을 기다립니다.
해와 지구에 대한 답이 아닙니다.

God expects answers for the flowers he sends us,
not for the sun and the earth.

27

벌거숭이 아이처럼 푸른 잎 가운데 노는 햇빛은
사람이 거짓말할 수 있다는 것을 다행히도 모릅니다.

The light that plays, like a naked child, among the green
leaves happily knows not that man can lie.

28

아름다움이여, 네 거울의 아부 속이 아니라
사랑 속에서 당신을 찾으십시오.

O beauty, find thyself in love, not in the flattery of
thy mirror.

29

나의 마음은 세상의 해변에 파도를 철썩이며
그 위에 눈물로 서명합니다. "나는 당신을 사랑합니다."

My heart beats her waves at the shore of the world and writes upon it her signature in tears with the words, "I love thee."

30

"달아, 너는 무엇을 기다리느냐?"
"제가 길을 비켜드릴 태양에게 인사하려고 기다립니다."

"Moon, for what do you wait?"
"To salute the sun for whom I must make way."

31

나무들은 말 못 하는 대지의 애타는 목소리처럼
내 창문으로 올라옵니다.

The trees come up to my window like the yearning voice of the dumb earth.

32

자기 자신의 아침은 매일 하느님에게 새로운 놀라움입니다.
His own mornings are new surprise to God.

33

삶은 세속의 요구로 재물을 발견하고,
사랑의 요구로 그 값어치를 발견합니다.
Life finds its wealth by the claims of the world,
and its worth by the claims of love.

34

마른 강바닥은 강의 과거에 대하여 고마움을 모릅니다.
The dry river-bed finds no thanks for its past.

35

새는 구름이었으면 합니다. 구름은 새였으면 합니다.

The bird wishes it were a cloud. The cloud wishes it were a bird.

36

폭포가 노래합니다, "나의 자유를 찾을 때
나의 노래를 찾는다."

The waterfall sings, "I find my song, when I find my freedom."

37

나는 내 마음이 왜 말없이 시들해지는지 모르겠습니다.
그것은 달라 하지 않거나, 알지 못하거나, 기억하지 못하는
소소한 욕구 때문입니다.

I cannot tell why this heart languishes in silence.
It is for small needs it never asks, or knows or remembers.

38

여인이여, 당신이 집안일로 분주할 때 당신 손발은
조약돌 사이로 흐르는 개울물처럼 노래합니다.

Woman, when you move about in your household service
your limbs sing like a hill stream among its pebbles.

39

해가 서쪽 바다를 건너려 할 때,
동쪽을 향해 하직인사를 남깁니다.

The sun goes to cross the Western sea, leaving its last
salutation to the East.

40

입맛이 없다고 음식을 탓하지는 마십시오.

Do not blame your food because you have no appetite.

41

나무는 땅의 소원인 듯, 하늘을 엿보려고 발꿈치를 치킵니다.
The trees, like the longings of the earth, stand atiptoe to peep at the heaven.

42

당신은 미소 지으며 내게 아무 말 안 했지만,
나는 이를 오랫동안 기다렸나 봅니다.
You smiled and talked to me of nothing and
I felt that for this I had been waiting long.

43

물속의 고기는 조용하고, 육지의 짐승은 시끄럽고,
공중의 새는 노래합니다.
그러나 사람은 자기 안에 바다의 고요, 육지의 소음,
공중의 음악을 갖고 있습니다.

The fish in the water is silent, the animal on the earth is noisy, the bird in the air is singing,
But Man has in him the silence of the sea, the noise of the earth and the music of the air.

44

세상은 머뭇거리는 사람에게 슬픔의 음악을 연주하면서
그의 심금心琴을 덮칩니다.

The world rushes on over the strings of the lingering heart making the music of sadness.

45

어떤 이는 자기의 무기를 자기의 신으로 삼았습니다.
자기의 무기가 이기면 자기가 집니다.

He has made his weapons his gods. When his weapons win he is defeated himself.

46

하느님은 창조함으로써 스스로를 발견하십니다.

God finds himself by creating.

47

그림자는, 면사포를 쓰고, 사랑의 조용한 발걸음으로,
몰래 얌전하게 빛을 따릅니다.

Shadow, with her veil drawn, follows Light in secret meekness, with her silent steps of love.

48

별은 반딧불이로 보이기를 겁내지 않습니다.

The stars are not afraid to appear like fireflies.

49

저는 동력에 딸린 바퀴가 아니라 바퀴에 깔려 부서지는 살아 있는 피조물 쪽임을 당신께 고마워합니다.

I thank thee that I am none of the wheels of power but I am one with the living creatures that are crushed by it.

50

마음은 뾰족하여 넓지 않으므로,
문제점마다 찌르기만 할 뿐 움직이지 않습니다.

The mind, sharp but not broad, sticks at every point but does not move.

51

당신의 우상이 먼지로 흩어져, 하느님의 먼지가
당신 우상보다 훨씬 위대함을 보여줍니다.

Your idol is shattered in the dust to prove that God's dust is greater than your idol.

52

사람은 자기의 과거 속에서 자신을 드러내는 것이 아니라,
그것을 건너 애써 넘으려는 것입니다.

Man does not reveal himself in his history, he struggles up through it.

53

남포등이 자기를 사촌언니라고 부르는 호롱을 야단치는 사이,
달이 뜨자, 남포등이 부드럽게 웃으면서 달을 부릅니다,
"사랑하는 언니야."

While the glass lamp rebukes the earthen for calling it cousin, the moon rises, and the glass lamp, with a bland smile, calls her, "My dear, dear sister."

54

갈매기와 파도의 만남처럼 우리도 서로 만나 가까워집니다.
갈매기는 날아가고 파도는 굴러가고 우리도 떠나갑니다.

Like the meeting of the seagulls and the waves we meet and come near.
The seagulls fly off, the waves roll away and we depart.

55

나의 하루가 끝나면 물가에 닿은 배처럼,
저녁 파도의 춤과 음악을 듣습니다.

My day is done, and I am like a boat drawn on the beach,
listening to the dance-music of the tide in the evening.

56

생명은 우리에게 주어진 것입니다.
우리는 생명을 줌으로써 생명을 얻습니다.

Life is given to us, we earn it by giving it.

57

우리는 겸손함에 있어 위대할 때
위대한 인물에 가장 가까이 됩니다.

We become nearest to the great when we are great in humility.

58

참새는 공작새 꼬리의 짐을 보고 불쌍해합니다.
The sparrow is sorry for the peacock at the burden of its tail.

59

순간을 두려워 마십시오. – 이렇게 영원의 목소리가 노래합니다.
Never be afraid of the moments – thus sings the voice of the everlasting.

60

폭풍은 길이 아닌 곳에서 지름길을 찾습니다.
그러다가 문득 아무 데도 아닌 곳에서 길 찾기를 끝냅니다.
The hurricane seeks the shortest road by the no-road, and suddenly ends its search in the nowhere.

61

친구여, 내 잔으로 나의 술을 마십시오.
남의 잔에 부으면 거품 고리가 없어집니다.
Take my wine in my own cup, friend. It loses its wreath of foam when poured into that of others.

62

완전은 불완전을 사랑하려고 자신을 곱게 치장합니다.
The Perfect decks itself in beauty for the love of the Imperfect.

63

하느님이 사람에게 말합니다. "나는 너를 치료하기 때문에 상처를 준다. 사랑하기 때문에 벌을 준다."
God says to man, "I heal you therefore I hurt, love you therefore punish."

64

불꽃에게 빛을 고마워하십시오. 그러나 그늘에서 끈질기게 서 있는 등잔받침을 잊지 마십시오.

Thank the flame for its light, but do not forget the lampholder standing in the shade with constancy of patience.

65

작은 풀아, 너의 걸음걸이는 작지만,
그 발걸음 아래 지구를 갖고 있단다.

Tiny grass, your steps are small, but you possess the earth under your tread.

66

아기 꽃이 봉오리를 틔우고 웁니다.
"사랑하는 세상아, 제발 시들지 말아다오."

The infant flower opens its bud and cries, "Dear World, please do not fade."

67

하느님은 큰 나라가 싫증 나지만,
작은 꽃은 결코 싫증 나지 않습니다.

God grows weary of great kingdoms, but never of little flowers.

68

잘못은 패배를 감당할 수 없지만,
올바름은 패배를 감당할 수 있습니다.

Wrong cannot afford defeat but Right can.

69

폭포가 노래합니다. "갈증에는 작은 물로 족하지만,
나는 나의 물 전부를 기꺼이 줍니다."

"I give my whole water in joy," sings the waterfall,
"though little of it is enough for the thirsty."

70

황홀경을 끊임없이 터뜨리며 이 꽃을 뿜어내는 분수는 어디에 있습니까?

Where is the fountain that throws up these flowers in a ceaseless outbreak of ecstasy?

71

나무꾼의 도끼가 나무에게 손잡이를 달라고 애원했습니다. 나무가 줬습니다.

The woodcutter's axe begged for its handle from the tree. The tree gave it.

72

나는 마음이 적적할 때 짝 잃은 저녁이 안개비 면사포 쓰고 한숨짓는 것을 느낍니다.

In my solitude of heart I feel the sigh of this widowed evening veiled with mist and rain.

73

순결은 사랑이 충만한 데서 오는 재물입니다.

Chastity is a wealth that comes from abundance of love.

74

안개가 연인처럼 언덕의 가슴 위에 놀다가
불현듯 아름다움을 자아냅니다.

The mist, like love, plays upon the heart of the hills and brings out surprises of beauty.

75

우리는 세상을 잘못 읽고서
세상이 우리를 속인다고 말합니다.

We read the world wrong and say that it deceives us.

76

시인의 바람은 자기 자신의 목소리를 찾으려고
바다와 숲을 나다닙니다.

The poet wind is out over the sea and the forest to seek his own voice.

77

모든 아이는 하느님이 인간에게 아직 실망하지 않았다는
메시지를 갖고 태어납니다.

Every child comes with the message that God is not yet discouraged of man.

78

풀은 땅에서 자기의 동료를 찾습니다.
나무는 하늘에서 자기의 고독을 찾습니다.

The grass seeks her crowd in the earth.
The tree seeks his solitude of the sky.

79

사람은 자신에게 방어막을 칩니다.

Man barricades against himself.

80

친구여, 당신의 목소리가 마치 귀 기울이는 솔숲에서
숨죽인 바닷소리처럼 내 가슴속을 헤맵니다.

Your voice, my friend, wanders in my heart, like the muffled sound of the sea among these listening pines.

81

불똥이 별이 되는 이 보이지 않는 암흑의 불꽃은 무엇입니까?

What is this unseen flame of darkness whose sparks are the stars?

82

삶을 여름 꽃처럼 아름답게 해주시고,
죽음을 가을 잎처럼 아름답게 해주십시오.

Let life be beautiful like summer flowers and death like autumn leaves.

83

좋은 일을 하려는 사람은 문을 두드리고,
사랑하는 사람은 문이 열려 있습니다.

He who wants to do good knocks at the gate; he who loves finds the gate open.

84

죽음에서는 많은 것이 하나가 됩니다. 삶에서는 하나가 여럿이 됩니다. 하느님이 죽으면 종교는 하나가 될 것입니다.

In death the many becomes one; in life the one becomes many. Religion will be one when God is dead.

85

예술인은 자연의 애호가입니다.
그러므로 그는 자연의 종이자 주인입니다.

The artist is the lover of Nature, therefore he is her slave and her master.

86

"오 열매여, 나에게서 얼마나 멀리 떨어져 있습니까?"
"오 꽃이여, 당신 가슴에 숨어 있습니다."

"How far are you from me, O Fruit?"
"I am hidden in your heart, O Flower."

87

이 그리움은 어둠 속에 느끼는 것을 찾고 있지만,
낮에는 보이지 않는 것입니다.

This longing is for the one who is felt in the dark, but not seen in the day.

88

이슬방울이 호수에 말했습니다. "당신은 연잎 아래의
큰 이슬방울이고, 저는 그 위의 작은 방울입니다."

"You are the big drop of dew under the lotus leaf, I am the smaller one on its upper side," said the dewdrop to the lake.

89

칼집이 칼의 날카로움을 보호하고 있을 때는
자기가 무딘 것에 만족해합니다.

The scabbard is content to be dull when it protects the keenness of the sword.

90

어두운 데서는 하나가 한가지로 보입니다.
밝은 데서는 하나가 여러 가지로 보입니다.

In darkness the One appears as uniform; in the light the One appears as manifold.

91

커다란 땅이 풀의 도움으로 편안히 지냅니다.

The great earth makes herself hospitable with the help of the grass.

92

잎의 탄생과 죽음은, 넓은 원이 별 사이를 천천히 도는 회오리의 빠른 소용돌이입니다.

The birth and death of the leaves are the rapid whirls of the eddy whose wider circles move slowly among stars.

93

권력이 세상에 말했습니다. "너는 내 것이다."
세상은 그것을 죄수로 붙잡아 자기 옥좌에 가두었습니다.
사랑이 세상에 말했습니다. "나는 네 것이다."
세상은 그것에게 자기 집의 자유를 줬습니다.

Power said to the world, "You are mine." The world kept it prisoner on her throne. Love said to the world, "I am thine." The world gave it the freedom of her house.

94

안개는 땅의 욕심 같은 것입니다.
땅이 달라고 울부짖는 해를 숨깁니다.

The mist is like the earth's desire. It hides the sun for whom she cries.

95

내 마음아, 조용히 있어라, 이 큰 나무들이 기도하고 있단다.

Be still, my heart, these great trees are prayers.

96

순간의 소음이 영원의 음악을 비웃습니다.

The noise of the moment scoffs at the music of the Eternal.

97

생명과 사랑, 죽음의 강을 떠돌다 잊힌 지난날을 생각하면, 세상 떠남이 자유로워짐을 느낍니다.

I think of other ages that floated upon the stream of life and love and death and are forgotten, and I feel the freedom of passing away.

98

내 영혼의 슬픔은 새색시의 면사포입니다.
밤이 되면 벗겨지기 마련입니다.

The sadness of my soul is her bride's veil. It waits to be lifted in the night.

99

죽음의 날인은 삶의 동전에 가치를 부여합니다.
삶으로써 진정 가치 있는 것을 살 수 있게 합니다.

Death's stamp gives value to the coin of life; making it possible to buy with life what is truly precious.

100

구름이 하늘가에 겸손하게 서 있었습니다.
아침이 찬란한 왕관을 씌워줬습니다.

The cloud stood humbly in a corner of the sky.
The morning crowned it with splendor.

101

먼지는 모욕을 당하고 그 응답으로 자기 꽃을 바칩니다.

The dust receives insult and in return offers her flowers.

102

꽃을 간직하려고 여기저기 오가며 모으지 마십시오.
그냥 걸어가면 당신 길에 꽃이 흐드러지게 필 것입니다.

Do not linger to gather flowers to keep them, but walk on, for flowers will keep themselves blooming all your way.

103

뿌리는 땅 밑에 있는 가지입니다.
가지는 하늘에 있는 뿌리입니다.

Roots are the branches down in the earth. Branches are the roots in the air.

104

까마득한 여름 음악이 가을 주변에 펄럭이며
옛 둥지를 찾습니다.

The music of the far-away summer flutters around the Autumn seeking its former nest.

105

당신 주머니에서 은혜를 베풂으로써
친구를 모독하는 일은 하지 마십시오.

Do not insult your friend by lending him merits from your own pocket.

106

이름 없는 날들의 손자국이 마치 고목의 이끼처럼
내 마음에 달라붙습니다.

The touch of the nameless days clings to my heart like mosses round the old tree.

107

메아리가 자신이 원조임을 증명하려고 원조를 조롱합니다.

The echo mocks her origin to prove she is the origin.

108

번영하는 사람이 하느님의 특혜를 자랑할 때
하느님은 부끄러워하십니다.

God is ashamed when the prosperous boasts of His special favour.

109

나는 켜지 않은 등을 갖고 있기 때문에,
내 그림자를 내 앞길에 드리웁니다.

I cast my own shadow upon my path, because I have a lamp that has not been lighted.

110

사람은 소란한 군중 속에 들어가,
자기 침묵의 외침을 빠트려 죽입니다.

Man goes into the noisy crowd to drown his own clamour of silence.

111

힘이 다해 끝남은 죽음입니다.
완전한 끝남은 끝없음에 있습니다.

That which ends in exhaustion is death, but the perfect ending is in the endless.

112

해는 빛의 단순한 옷을 입습니다.
구름은 화려한 옷을 입습니다.

The sun has his simple robe of light. The clouds are decked with gorgeousness.

113

언덕은 별을 따려고 손을 드는
아이들의 아우성 같은 것입니다.

The hills are like shouts of children who raise their arms, trying to catch stars.

114

길은 사랑받지 못하여 자기 무리 가운데 쓸쓸히 있습니다.
The road is lonely in its crowd for it is not loved.

115

나쁜 짓을 자랑하는 권력은,
떨어지는 단풍과 지나가는 구름이 비웃습니다.
The power that boasts of its mischiefs is laughed at by the yellow leaves that fall, and clouds that pass by.

116

오늘도 땅은 실 잣는 아낙처럼,
태양 아래서 잊힌 말로 옛 노래를 내게 흥얼거립니다.
The earth hums to me today in the sun, like a woman at her spinning, some ballad of the ancient time in a forgotten tongue.

117

풀잎은 자기가 자라는 곳의 큰 세상만큼 가치가 있습니다.
The grass-blade is worthy of the great world where it grows.

118

꿈은 끊임없이 이야기하는 아내입니다.
잠은 조용히 참는 남편입니다.
Dream is a wife who must talk.
Sleep is a husband who silently suffers.

119

밤은 어두워지는 낮에게 입 맞추며 귀에 속삭입니다.
"나는 너의 어머니, 죽음이다. 너를 새로 태어나게 하려 한다."
The night kisses the fading day whispering to his ear,
"I am death, your mother. I am to give you fresh birth."

120

어두운 밤아, 나는 너에게서 등불을 끈
사랑스런 여인의 아름다움을 느낀다.

I feel thy beauty, dark night, like that of the loved woman when she has put out the lamp.

121

나는 실패한 지역들을,
번영하는 나의 지역으로 거두어들입니다.

I carry in my world that flourishes the worlds that have failed.

122

친구여, 나는 이 파도 소리 들을 때, 이 해변의 깊어지는
저녁마다 커다란 당신 생각의 침묵을 느끼곤 합니다.

Dear friend, I feel the silence of your great thoughts of many a deepening eventide on this beach when I listen to these waves.

123

새는 물고기를 공중으로 들어 올리는 것을
친절한 행동으로 생각합니다.

The bird thinks it is an act of kindness to give the fish
a lift in the air.

124

밤이 해에게 말했습니다. "당신은 달 속에 사랑의 편지를
썼군요, 나는 풀잎 위 눈물에 답장을 씁니다."

"In the moon thou sendest thy love letters to me."
said the night to the sun.
"I leave my answers in tears upon the grass."

125

위인은 아이입니다; 그는 죽을 때 위대한 어린 시절을
세상에 주고 갑니다.

The Great is a born child; when he dies he gives his great
childhood to the world.

126

망치질이 아니라 냇물의 춤이 노래하며 조약돌을 완전하게 만듭니다.

Not hammerstrokes, but dance of the water sings the pebbles into perfection.

127

벌은 꽃에서 꿀을 빨고 떠날 때 고마움을 흥얼거립니다.
현란한 나비는 꽃이 자기에게 고마워해야 한다고 생각합니다.

Bees sip honey from flowers and hum their thanks when they leave.
The gaudy butterfly is sure that the flowers owe thanks to him.

128

완전한 진실을 말할 때까지 기다리지 않으면,
상대방 말에 지기 쉽습니다.

To be outspoken is easy when you do not wait to speak the complete truth.

129

가능이 불가능에게 묻습니다,
"네가 사는 곳이 어디냐?"
"무능력자의 꿈속입니다."

Asks the Possible to the Impossible,
"Where is your dwelling place?"
"In the dreams of the impotent," comes the answer.

130

모든 오류에 문을 닫으면 진실도 닫힙니다.

If you shut your door to all errors truth will be shut out.

131

내 마음의 슬픔 뒤에 무언가의 바스락거리는 소리가 들리지만
– 보이지 않습니다.

I hear some rustle of things behind my sadness of heart, –
I cannot see them.

132

활동 중의 여가는 일입니다.
바다의 고요는 파도로 치솟습니다.

Leisure in its activity is work.
The stillness of the sea stirs in waves.

133

잎은 사랑할 때 꽃이 됩니다.
꽃은 찬양할 때 열매가 됩니다.

The leaf becomes flower when it loves.
The flower becomes fruit when it worships.

134

땅 밑의 뿌리는 가지에게 열매를 맺게 해줬다고
보상을 달라 하지는 않습니다.

The roots below the earth claim no rewards for making
the branches fruitful.

135

비 오는 이 저녁에 바람이 쉼 없습니다.
나는 흔들리는 가지를 보고 만상의 위대함을 생각합니다.

This rainy evening the wind is restless.
I look at the swaying branches and ponder over
the greatness of all things.

136

한밤의 폭풍이, 어둠 속에서 불시에 깨어난 커다란 아이처럼,
장난치며 소리 지르기 시작합니다.

Storm of midnight, like a giant child awakened
in the untimely dark, has begun to play and shout.

137

바다여, 폭풍의 고독한 새색시여,
낭군을 따르려고 괜스레 파도를 일으키는군요.

Thou raisest thy waves vainly to follow thy lover. O sea, thou lonely bride of the storm.

138

말이 일에게 말했습니다. "나의 허무함이 부끄럽습니다."
일이 말에게 말했습니다. "당신을 보니 내가 얼마나
보잘것없는지 알겠습니다."

"I am ashamed of my emptiness," said the Word to the Work.

"I know how poor I am when I see you," said the Work to the Word.

139

시간은 변화의 자산입니다. 그러나 이를 흉내 내는 시계는 단순히 변화만 만들 뿐 자산을 만들어주지는 않습니다.

Time is the wealth of change, but the clock in its parody makes it mere change and no wealth.

140

진실은 자기 옷 속에서는 사실들을 아주 빡빡하게 봅니다. 허위 속에서는 진실이 쉽게 움직입니다.

Truth in her dress finds facts too tight.
In fiction she moves with ease.

141

길이여, 내가 여기저기 쏘다닐 때는 당신에게 싫증을
느꼈습니다. 그러나 당신이 모든 곳으로 나를 인도하는
지금은 사랑 속에 짝이 됩니다.

When I travelled to here and to there, I was tired of thee,
O Road, but now when thou leadest me to everywhere I
am wedded to thee in love.

142

저 별들 중, 하나는 나의 삶을 알 수 없는 어둠을 헤쳐
인도한다고 생각합시다.

Let me think that there is one among those stars that
guides my life through the dark unknown.

143

여인이여, 당신 손가락의 수고로 나의 물건을 갈무리하여
질서가 음악처럼 흘러나왔습니다.

Woman, with the grace of your fingers you touched
my things and order came out like music.

144

한 슬픈 목소리가 세월의 잔해 속에 둥지를 틀고 있습니다.
밤중에 노래하기를 – "나는 당신을 사랑했습니다."

One sad voice has its nest among the ruins of the years.
It sings to me in the night, – "I loved you."

145

타는 불꽃이 빛을 발하면서 나더러 멀리 떨어지라고 합니다.
잿더미 아래 꺼져가는 숯불에서 나를 구해 주십시오.

The flaming fire warns me off by its own glow.
Save me from the dying embers hidden under ashes.

146

나는 하늘에 별을 갖고 있습니다.
그러나 오, 내 집의 켜지 않은 작은 등 대신입니다.

I have my stars in the sky,
But oh for my little lamp unlit in my house.

147

죽은 언어의 먼지가 당신에게 묻어 있습니다.
당신 영혼을 침묵으로 씻으십시오.

The dust of the dead words cling to thee.
Wash thy soul with silence.

148

삶 속에 틈이 남아 있어 그 사이로
죽음의 슬픈 음악이 들어옵니다.

Gaps are left in life through which comes the sad music of death.

149

세상이 아침에 빛의 가슴을 열었습니다.
내 마음아, 사랑으로 마중 나오너라.

The world has opened its heart of light in the morning.
Come out, my heart, with thy love to meet it.

150

내 생각은 반짝이는 잎과 함께 반짝이고,
내 마음은 햇빛과 손잡고 노래합니다.
내 삶이 모든 것과 함께 공간의 푸름과 시간의 어둠 속으로
흘러드는 것이 즐겁습니다.

My thoughts shimmer with these shimmering leaves and my heart sings with the touch of this sunlight; my life is glad to be floating with all things into the blue of space, into the dark of time.

151

하느님의 커다란 힘은 폭풍 속에 있지 않고,
산들바람 속에 있습니다.

God's great power is in the gentle breeze, not in the storm.

152

사물들이 온통 느슨해지고 또 압박하는 것은 꿈속입니다.
제가 깼을 때 그것들이 당신 안에 모여 있음을 보게 되면,
저는 자유로워질 것입니다.

This is a dream in which things are all loose and they oppress.
I shall find them gathered in thee when I awake and shall be free.

153

지는 해가 물었습니다.
"내 임무를 맡을 분 누구 없습니까?"
호롱불이 말했습니다.
"주인님, 제가 할 수 있는 대로 해보겠습니다."

"Who is there to take up my duties?" asked the setting sun.
"I shall do what I can, my Master," said the earthen lamp.

154

꽃잎을 따서는 꽃의 아름다움을 모을 수 없습니다.

By plucking her petals you do not gather the beauty of the flower.

155

침묵은, 잠자는 새를 받쳐주는 둥지처럼,
당신의 목소리를 받쳐줄 것입니다.

Silence will carry your voice like the nest that holds the sleeping birds.

156

대인은 소인과 함께 안심하고 걷습니다.
중간 사람은 멀찍이 있습니다.

The Great walks with the Small without fear.
The Middling keeps aloof.

157

밤이 꽃을 몰래 피우고 낮에게 고마움의 인사를 받게 합니다.

The night opens the flowers in secret and allows the day to get thanks.

158

권력자는 희생자의 몸부림을 배은망덕으로 여깁니다.

Power takes as ingratitude the writhings of its victims.

159

우리가 충만 속에 즐거워할 때,
비로소 우리의 열매와 기꺼이 헤어질 수 있습니다.

When we rejoice in our fulness, then we can part with our fruits with joy.

160

빗방울이 땅에 입 맞추며 속삭였습니다, – "어머니, 우리는 고향을 그리는 당신 아이들입니다. 하늘에서 당신께로 돌아옵니다."

The raindrops kissed the earth and whispered, – "We are thy homesick children, mother, come back to thee from the heaven."

161

거미줄이 이슬방울을 잡는 척하다가 파리를 잡습니다.

The cobweb pretends to catch dew-drops and catches flies.

162

사랑이시여! 당신이 불타는 고통의 등잔을 들고 올 때,
저는 당신의 얼굴을 알아보고 당신을 축복으로 맞습니다.

Love! when you come with the burning lamp of pain in your hand, I can see your face and know you as bliss.

163

반딧불이가 별에게 말했습니다.
"배운 사람은 당신의 빛이 언젠가 없어질 것이라고 말합니다."
별은 아무 대답 안 했습니다.

"The learned say that your lights will one day be no more." said the firefly to the stars. The stars made no answer.

164

저녁 어스름 속에 이른 새벽의 새가 내 침묵의 둥지로 옵니다.

In the dusk of the evening the bird of some early dawn comes to the nest of my silence.

165

생각들이 하늘의 오리 떼처럼 내 마음을 지나갑니다.
나는 그 날개 소리를 듣습니다.

Thoughts pass in my mind like flocks of ducks in the sky.
I hear the voice of their wings.

166

운하는 강이 으레 자기에게 물을 대기 위해서만 있다고
생각합니다.

The canal loves to think that rivers exist solely to supply
it with water.

167

세상은 고통으로 내 영혼에 입 맞추고,
노래로 답하라 합니다.

The world has kissed my soul with its pain, asking for
its return in songs.

168

나를 짓누르는 것은, 밖으로 나오려는 나의 영혼입니까,
아니면 들어오려고 내 마음에 문 두드리는 세상의
영혼입니까?

That which oppresses me, is it my soul trying to come
out in the open, or the soul of the world knocking at my
heart for its entrance?

169

생각은 자신의 말을 자신에게 먹이면서 자랍니다.
Thought feeds itself with its own words and grows.

170

나는 내 마음의 그릇을 이 조용한 시간 속에 담갔습니다.
그릇은 사랑으로 가득 찼습니다.

I have dipped the vessel of my heart into this silent hour;
it has filled with love.

171

일이란 있기도 하고 없기도 합니다.
당신이 "뭔가를 합시다," 하면, 그때부터 잘못이 시작됩니다.

Either you have work or you have not.
When you have to say, "Let us do something,"
then begins mischief.

172

해바라기가 이름 없는 꽃이 자기 친척인 것을
부끄러워했습니다.
해가 떠서 그 꽃에 미소 지으며 말했습니다.
"친구야, 잘 있니?"

The sunflower blushed to own the nameless flower
as her kin.
The sun rose and smiled on it, saying, "Are you well,
my darling?"

173

"누가 나를 운명처럼 앞으로 몰고 있습니까?"
"나 자신이 등 뒤에서 몰고 있습니다."
"Who drives me forward like fate?"
"The Myself striding on my back."

174

구름이 먼 산에 숨어서 강의 물 잔을 채웁니다.

The clouds fill the watercups of the river, hiding themselves in the distant hills.

175

나는 길을 걸으며 내 물동이에서 물을 흘립니다.
집에 오니 아주 조금만 남았습니다.

I spill water from my water jar as I walk on my way.
Very little remains for my home.

176

그릇의 물은 반짝입니다. 바다의 물은 컴컴합니다.
작은 진리는 분명한 말을 합니다. 큰 진리는 큰 침묵을 지킵니다.

The water in a vessel is sparkling; the water in the sea is dark.
The small truth has words that are clear; the great truth has great silence.

177

당신의 미소는 당신 밭의 꽃이었습니다. 당신의 말은
당신 산의 소나무 소리였습니다. 그러나 당신의 마음은
우리 모두가 아는 여인이었습니다.

Your smile was the flowers of your own fields, your talk was the rustle of your own mountain pines, but your heart was the woman that we all know.

178

내가 사랑하는 사람을 위해 남기는 것은 작은 것입니다.
모든 사람을 위해 남기는 것은 큰 것입니다.

It is the little things that I leave behind for my loved ones,
– great things are for everyone.

179

여인이여, 바다가 육지를 감싸듯,
당신은 눈물의 바다로 세상의 마음을 감쌌습니다.

Woman, thou hast encircled the world's heart with the depth of thy tears as the sea has the earth.

180

햇빛은 미소 지으며 내게 인사합니다.
그의 슬픈 누이인 비는 내 마음에 이야기합니다.

The sunshine greets me with a smile. The rain, his sad sister, talks to my heart.

181

나의 낮 꽃이 꽃잎을 떨어뜨리고 잊어버렸습니다.
저녁이 되자 그것이 추억의 황금 열매로 익습니다.

My flower of the day dropped its petals forgotten.
In the evening it ripens into a golden fruit of memory.

182

나는 추억의 발자국 소리를 조용히 듣는 밤길 같습니다.

I am like the road in the night listening to the footfalls of its memories in silence.

183

저녁 하늘은 내게 창문, 불 켜진 등,
그리고 그 뒤의 기다림 같은 것입니다.

The evening sky to me is like a window, and a lighted lamp, and a waiting behind it.

184

좋은 일에 너무 바쁜 사람은 좋은 사람이 될 시간이 없습니다.

He who is too busy doing good finds no time to be good.

185

나는 비 없는 가을 구름이기에,
벼 익은 들녘에서 나의 풍요를 봅니다.

I am the autumn cloud, empty of rain, see my fulness in the field of ripened rice.

186

그들이 증오하고 살인하자, 사람들이 칭찬했습니다.
그러나 하느님은 부끄러워 그 기억을 잔디 밑에 숨기기 바쁩니다.

They hated and killed and men praised them.
But God in shame hastens to hide its memory under the green grass.

187

발가락은 과거를 저버린 손가락입니다.

Toes are the fingers that have forsaken their past.

188

어둠은 빛을 향해 갑니다. 눈이 멂은 죽음으로 갑니다.

Darkness travels towards light, but blindness towards death.

189

애완견은 우주가 자기 자리를 뺏을까 의심합니다.

The pet dog suspects the universe for scheming to take its place.

190

내 마음아, 가만히 앉아 있어라, 먼지를 일으키지 마라.
세상이 네게 오는 길을 찾을 수 있도록 하여라.

Sit still my heart, do not raise your dust.
Let the world find its way to you.

191

화살이 나가기 전에 활이 화살에게 속삭입니다. —
"너의 자유는 나의 자유다."

The bow whispers to the arrow before it speeds forth –
"Your freedom is mine."

192

여인이여, 당신의 웃음에는 생명이 샘솟는 음악이 있습니다.

Woman, in your laughter you have the music of the fountain of life.

193

온통 논리적인 마음은 온통 날만 있는 칼과 같습니다.
이 칼을 쓰는 손은 피를 흘리게 됩니다.

A mind all logic is like a knife all blade.
It makes the hand bleed that uses it.

194

하느님은 사람의 등불이 자기의 큰 별보다 더 빛나기를
좋아합니다.

God loves man's lamp lights better than his own great stars.

195

이 세상은 아름다운 음악으로 길들여진 험한 폭풍의
세상입니다.

This world is the world of wild storm kept tame with the music of beauty.

196

석양의 구름이 해에게 말합니다.
"내 마음은 당신 키스를 담은 황금 보석함 같습니다."

"My heart is like the golden casket of thy kiss," said the sunset cloud to the sun.

197

손이 닿으면 죽일 수 있습니다.
멀찍이 두면 소유할 수 있습니다.

By touching you may kill, by keeping away you may possess.

198

귀뚜라미의 울음소리와 비의 토닥이는 소리가 마치 지난 젊은 날의 꿈이 바스락거리는 것처럼 어둠을 뚫고 내게 옵니다.

The cricket's chirp and the patter of rain come to me through the dark, like the rustle of dreams from my past youth.

199

꽃이 아침 하늘에 대고 부르짖습니다.
"나는 이슬방울을 잃었습니다."
아침 하늘은 별을 다 잃었는데.

"I have lost my dewdrop," cries the flower to the morning sky that has lost all its stars.

200

불타는 통나무가 화염 속에 터지면서 외칩니다.
"이것이 나의 꽃, 나의 죽음이다."

The burning log bursts in flame and cries,
– "This is my flower, my death."

201

말벌은 이웃 벌의 집이 너무 작다고 여깁니다.
이웃 벌은 말벌에게 훨씬 작은 집을 지으라고 합니다.

The wasp thinks that the honey-hive of the neighbouring bees is too small.
His neighbours ask him to build one still smaller.

202

강둑이 강에게 말합니다. "나는 당신 파도를 지킬 수 없습니다. 당신 발자국을 내 가슴에 지키게 해주십시오."

"I cannot keep your waves," says the bank to the river.
"Let me keep your footprints in my heart."

203

낮은, 이 작은 땅의 소음으로 온 세상의 침묵을 삼킵니다.

The day, with the noise of this little earth, drowns the silence of all worlds.

204

노래는 공중에서, 그림은 땅에서,
시는 공중과 땅에서 무한을 느낍니다.
시의 언어에는 걸어가는 의미와 솟아오르는
음악이 있기 때문입니다.

The song feels the infinite in the air, the picture in the earth,
the poem in the air and the earth;
For its words have meaning that walks and music that soars.

205

해가 서녘에 기울면,
아침의 동녘이 그 앞에 조용히 일어섭니다.

When the sun goes down to the West, the East of his morning stands before him in silence.

206

저로 하여금 세상에 잘못 처신하지 않게 하시고,
세상으로 하여금 제게 대적하지 않게 하여주십시오.

Let me not put myself wrongly to my world and set it against me.

207

칭찬은 나를 부끄럽게 합니다.
내가 칭찬을 남몰래 애걸하기 때문입니다.

Praise shames me, for I secretly beg for it.

208

내가 할 일 없을 때는 아무 일 안 하도록 그냥 두십시오.
그리하여 바다가 조용할 때의 저녁 해변처럼 깊은 평화 속에 편히 있도록 하여주십시오.

Let my doing nothing when I have nothing to do become untroubled in its depth of peace like the evening in the seashore when the water is silent.

209

소녀여, 당신의 소박함은 푸른 호수처럼
진실의 깊이를 보여줍니다.

Maiden, your simplicity, like the blueness of the lake, reveals your depth of truth.

240

최고의 선은 혼자 오지 않습니다.
모든 것을 친구로 데려옵니다.

The best does not come alone. It comes with the company of the all.

241

하느님의 오른손은 점잖습니다. 그러나 왼손은 무섭습니다.

God's right hand is gentle, but terrible is his left hand.

212

나의 저녁이 낯선 숲 가운데 와서는 나의 새벽별이 알아듣지 못하는 말을 했습니다.

My evening came among the alien trees and spoke in a language which my morning stars did not know.

213

밤의 어둠은 새벽의 황금으로 터지는 보따리입니다.

Night's darkness is a bag that bursts with the gold of the dawn.

214

우리의 욕심은, 우리 삶의 보잘것없는 안개와 증기에 무지개 색을 입힙니다.

Our desire lends the colours of the rainbow to the mere mists and vapours of life.

245

하느님은 사람의 손에서 자기의 꽃을 선물로 되받기를 고대하십니다.

God waits to win back his own flowers as gifts from man's hands.

246

나의 슬픈 생각들이 내게 자기 고유의 이름을 달라고 졸라댑니다.

My sad thoughts tease me asking me their own names.

247

열매가 하는 일은 값진 일이고, 꽃이 하는 일은 달콤합니다. 그러나 내가 하는 일은 보잘것없는 봉사의 그늘에서 잎이 하는 일이 되게 하여주십시오.

The service of the fruit is precious, the service of the flower is sweet, but let my service be the service of the leaves in its shade of humble devotion.

248

내 마음은 어딘가 그늘진 섬을 향하여 한가한 바람에
돛을 폈습니다.

My heart has spread its sails to the idle winds for the shadowy island of anywhere.

249

사람은 잔인합니다. 그러나 한 사람 한 사람은 친절합니다.

Men are cruel, but man is kind.

220

저를 당신의 잔으로 삼고, 저의 가득함이
당신과 당신 잔을 위한 것이 되게 하여주십시오.

Make me thy cup and let my fulness be for thee and for thine.

221

폭풍은 지구에게 사랑을 거절당한
어느 신의 고통스런 울음과 같습니다.

The storm is like the cry of some god in pain whose love the earth refuses.

222

죽음은 틈이 아니므로 지구는 물 새지 않습니다.

The world does not leak because death is not a crack.

223

삶은 실패한 사랑으로 더 풍요로워졌습니다.

Life has become richer by the love that has been lost.

224

친구여, 당신의 위대한 가슴은 새벽녘의 외로운 만년설 봉우리처럼, 동녘 해돋이와 함께 빛났습니다.

My friend, your great heart shone with the sunrise of the East like the snowy summit of a lonely hill in the dawn.

225

죽음의 샘은 인생놀이의 잔잔한 물을 만들어냅니다.

The fountain of death makes the still water of life play.

226

하느님, 당신 이외의 모든 것을 가진 사람이, 당신만을 가진 사람을 비웃습니다.

Those who have everything but thee, my God, laugh at those who have nothing but thyself.

227

삶의 움직임은 자신의 음악 속에 자신의 휴식을 갖고 있습니다.

The movement of life has its rest in its own music.

228

발로 차는 것은 먼지만 일으킬 뿐,
땅에서 농작물을 키우지는 못합니다.

Kicks only raise dust and not crops from the earth.

229

우리의 이름은 밤바다의 파도 위에 반짝이다가
서명도 남기지 않고 꺼지는 불빛입니다.

Our names are the light that glows on the sea waves at night and then dies without leaving its signature.

230

장미꽃을 보는 눈을 가진 사람만 가시를 보게 하여주십시오.
Let him only see the thorns who has eyes to see the rose.

231

새의 날개를 금으로 만들면 하늘로 다시 오를 수 없습니다.
Set bird's wings with gold and it will never again soar in the sky.

232

우리 지역의 연꽃이 다른 지역 연못에서
다른 이름으로 같은 향기를 지니고 피어납니다.
The same lotus of our clime blooms here in the alien water with the same sweetness, under another name.

233

마음의 눈에는, 원근遠近이 부풀려 보입니다.

In heart's perspective the distance looms large.

234

달은 온 하늘에 빛을 비추지만, 그의 흑점은 자신만 비춥니다.

The moon has her light all over the sky, her dark spots to herself.

235

"아침입니다," 말하지 말고 그것을 어제의 이름과 결별시키십시오. 애초부터 새로 태어난 이름 없는 아이로 보십시오.

Do not say, "It is morning," and dismiss it with a name of yesterday. See it for the first time as a new-born child that has no name.

236

연기는 불의 형제임을 하늘을 향해 자랑하고,
재는 땅을 향해 자랑합니다.

Smoke boasts to the sky, and Ashes to the earth, that they are brothers to the fire.

237

빗방울이 재스민에게 속삭였습니다.
"나를 네 가슴에 영원히 간직해다오."
재스민이 "아아" 한숨지며 바닥에 떨어졌습니다.

The raindrop whispered to the jasmine, "Keep me in your heart for ever." The jasmine sighed, "Alas," and dropped to the ground.

238

겁 많은 생각들이여, 나를 무서워 마십시오.
나는 시인입니다.

Timid thoughts, do not be afraid of me.
I am a poet.

239

내 마음의 어둑한 고요는 귀뚜라미 울음으로 가득한 것 같습니다. - 소리의 잿빛 황혼입니다.

The dim silence of my mind seems filled with crickets' chirp - the grey twilight of sound.

240

로켓이여, 별을 향한 너의 욕설은 너를 따라 땅으로 도로 떨어지구나.

Rockets, your insult to the stars follows yourself back to the earth.

241

당신은 붐비는 낮 여행을 거쳐 저를 저녁의 고독으로
데려왔습니다.
저는 밤의 고요를 통해 그 뜻을 알게 되기를 기대합니다.

Thou hast led me through my crowded travels of the day
to my evening's loneliness.
I wait for its meaning through the stillness of the night.

242

이 세상의 삶은 좁은 한 배에서 만나 바다를 건너는 것입니다.
죽음으로써 해안에 도착하여 또 다른 우리나라로 갑니다.

This life is the crossing of a sea, where we meet in the
same narrow ship.
In death we reach the shore and go to our different
worlds.

243

진리의 강은 착오의 운하를 거쳐 흐릅니다.
The stream of truth flows through its channel of mistakes.

244

오늘 내 마음은 시간의 바다를 건너
달콤한 한때를 동경합니다.
My heart is homesick today for the one sweet hour across the sea of time.

245

새소리는 땅에서 반사되는 아침 햇살의 메아리입니다.
The bird-song is the echo of the morning light back from the earth.

246

아침 햇살이 애기똥풀에게 묻습니다.
"너는 자존심 때문에 내게 키스를 안 하느냐?"
"Are you too proud to kiss me?" the morning light asks the buttercup.

247

작은 꽃이 물었습니다. "태양이시여, 제가 어떻게 노래하고 예배하면 되겠습니까?"
태양이 대답했습니다. "네 순정의 단순한 침묵이면 된단다."
"How may I sing to thee and worship, O Sun?" asked the little flower.
"By the simple silence of thy purity," answered the sun.

248

사람이 짐승이 되면 짐승보다 못합니다.
Man is worse than an animal when he is an animal.

249

어두운 구름이 햇살과 입 맞추면 하늘의 꽃이 됩니다.

Dark clouds become heaven's flowers when kissed by light.

250

칼날이 칼자루에게 무디다고 무시하지 않게 하십시오.

Let not the sword-blade mock its handle for being blunt.

251

밤의 고요는 깊숙한 등불처럼,
은하수의 빛으로 타고 있습니다.

The night's silence, like deep lamp, is burning with the light of its milky way.

252

양지바른 삶의 섬 주위에는 끝없는 죽음의 바다 노래가
밤낮으로 출렁입니다.

Around the sunny island of Life swells day and night
death's limitless song of the sea.

253

이 산이 언덕 모양의 꽃잎을 갖고
햇빛을 마시는 꽃을 닮지 않았습니까?

Is not this mountain like a flower, with its petals of hills,
drinking the sunlight?

254

뜻을 잘못 읽거나 강조점이 틀리면,
현실적 사실도 비현실이 됩니다.

The real with its meaning read wrong and emphasis
misplaced is the unreal.

255

내 마음아, 바람과 물의 덕을 보는 배처럼,
세상의 움직임에서 네 아름다움을 찾아라.

Find your beauty, my heart, from the world's movement, like the boat that has the grace of the wind and the water.

256

눈은 자기 시력을 자랑하지 않고 자기 안경을 자랑합니다.

The eyes are not proud of their sight but of their eyeglasses.

257

저는 저의 작은 세상에 살면서 이 세상을 더 작게 할까 봐
두렵습니다.
저를 당신 세상으로 끌어올려 제 모든 것을
기꺼이 잃어버린 자유를 갖게 하여주십시오.

I live in this little world of mine and am afraid to make it the least less.
Lift me into thy world and let me have the freedom gladly to lose my all.

258

거짓을 강제로 키워서는 결코 진실이 되지 않습니다.

The false can never grow into truth by growing in power.

259

내 마음은 찰랑대는 노래의 물결로
화창한 날의 푸른 세상을 다독이기를 염원합니다.
My heart, with its lapping waves of song, longs to caress this green world of the sunny day.

260

길가의 풀아, 별을 사랑하여라.
그러면 너의 꿈이 꽃 속에 이루어질 것이다.
Wayside grass, love the star, then your dreams will come out in flowers.

261

당신의 음악이 칼처럼,
장터의 소음을 뚫고 그 중심에 닿도록 하여주십시오.
Let your music, like a sword, pierce the noise of the market to its heart.

262

살랑대는 이 나뭇잎이 아기 손가락처럼
내 마음을 건드립니다.

The trembling leaves of this tree touch my heart like the fingers of an infant child.

263

내 영혼의 이 슬픔은 색시의 면사포입니다.
밤에는 벗겨지기를 기다립니다.

This sadness of my soul is her bride's veil.
It waits to be lifted in the night.

264

작은 꽃이 먼지 속에 누웠습니다.
그것은 나비의 길을 찾았습니다.

The little flower lies in the dust. It sought the path of the butterfly.

265

저는 수많은 길 속에 있습니다. 밤이 닥칩니다.
수많은 집을 가지신 당신께서 문을 열어주십시오.

I am in the world of the roads. The night comes.
Open thy gate, thou world of the home.

266

저는 당신의 낮 노래를 불렀습니다. 저녁에는 당신의 등불을 들고 폭풍 부는 길을 헤쳐 나가게 하여주십시오.

I have sung the songs of thy day. In the evening let me carry thy lamp through the stormy path.

267

사랑이시여, 저는 당신을 집으로 들어오라 하지 않습니다.
저의 끝없는 고독 속으로 들어오십시오.

I do not ask thee into the house. Come into my infinite loneliness, my Lover.

268

죽음도 탄생처럼 삶에 속합니다.
걸음은 발을 들었다 내리는 데에 있습니다.

Death belongs to life as birth does. The walk is in the raising of the foot as in the laying of it down.

269

꽃과 햇빛 속에서 당신 속삭임의 단순한 뜻을 알았습니다.
– 고통과 죽음 속에서 당신 말씀을 알아듣도록 가르쳐 주십시오.

I have learnt the simple meaning of thy whispers in flowers and sunshine – teach me to know thy words in pain and death.

270

밤의 꽃이 아침의 입맞춤 시간에 늦었다고,
한숨지며 떨다가 바닥으로 떨어졌습니다.

The night's flower was late when the morning kissed her, she shivered and sighed and dropped to the ground.

271

저는 만물의 슬픔을 통하여
영원한 어머니의 콧노래를 듣습니다.

Through the sadness of all things I hear the crooning of the Eternal Mother.

272

나의 지구여, 나는 당신 물가에 낯선 사람으로 와서,
당신 집에서 손님으로 살다가, 친구로 당신 방문을 나섭니다.

I came to your shore as a stranger, I lived in your house as a guest, I leave your door as a friend, my earth.

273

제가 죽으면, 별이 총총한 고요의 가장자리에서
석양의 노을처럼, 저의 생각이 당신에게로 오게 하여
주십시오.

Let my thoughts come to you, when I am gone, like the after glow of sunset at the margin of starry silence.

274

내 마음에 휴식의 저녁 별을 켜고
밤이 내게 사랑을 속삭이게 하여주십시오.

Light in my heart the evening star of rest and then let the night whisper to me of love.

275

나는 어둠 속에 있는 아이입니다.
어머니, 밤의 침대보 속에서 제 손을 당신께로 뻗습니다.

I am a child in the dark.
I stretch my hands through the coverlet of night for thee, Mother.

276

낮일이 끝났습니다.
어머니, 당신 손으로 제 얼굴을 감싸고 꿈꾸게 하여주십시오.

The day of work is done. Hide my face in your arms, Mother. Let me dream.

277

만날 때의 등불은 오래 탑니다.
헤어질 때는 한순간에 꺼집니다.

The lamp of meeting burns long; it goes out in a moment at the parting.

278

세상이여, 내가 죽을 때, 당신의 침묵 속에 한 마디만
내게 남겨주십시오. "사랑했습니다."

One word keep for me in thy silence, O World, when I am dead, "I have loved."

279

우리가 세상을 사랑할 때 세상 안에 삽니다.

We live in this world when we love it.

280

죽은 자는 명예의 불멸을 갖게 하고,
산 자는 사랑의 불멸을 갖게 하십시오.

Let the dead have the immortality of fame, but the living the immortality of love.

281

저는 당신을 새벽 어스름에 어머니를 보고 웃다가
다시 자는 반쯤 깬 아이로 보았습니다.

I have seen thee as the half-awakened child sees his mother in the dusk of the dawn and then smiles and sleeps again.

282

나는 죽고 또 죽음으로써 생명이 무궁함을 알게 될 것입니다.

I shall die again and again to know that life is inexhaustible.

283

나는 군중과 함께 길을 가는 동안 당신이 발코니에서
미소 짓는 것을 보고 노래하면서 모든 잡음을 잊었습니다.

While I was passing with the crowd in the road I saw thy smile from the balcony and I sang and forgot all noise.

284

사랑은 술이 가득한 술잔처럼 충만 속의 삶입니다.

Love is life in its fulness like the cup with its wine.

285

사람들은 자기 성전에서 자기의 등불을 켜고
자기의 언어로 노래합니다.
그러나 새들은 당신의 아침 햇살 속에서 당신의 이름을
노래합니다. ― 당신 이름이 기쁨이기 때문입니다.

They light their own lamps and sing their own words in their temples.
But the birds sing thy name in thine own morning light, ― for thy name is joy.

286

저를 당신의 침묵 가운데로 인도하시어
저의 가슴을 노래로 채워주십시오.

Lead me in the centre of thy silence to fill my heart with songs.

287

저들에게는 자기들이 쏘아 올리는 수많은 불꽃 중에서
선택하며 살게 하십시오.
하느님, 저의 마음은 당신의 별을 열망합니다.

Let them live who choose in their own hissing world of fireworks.

My heart longs for thy stars, my God.

288

사랑의 고통은 내 삶의 주위에서 깊이를 알 수 없는 바다처럼
노래했습니다.
사랑의 기쁨은 꽃 피는 숲에서 새처럼 노래했습니다.

Love's pain sang round my life like the unplumbed sea,
and love's joy sang like birds in its flowering groves.

289

당신이 원할 때 등불을 끄십시오.
저는 당신의 어둠을 알아보고 그 어둠을 사랑할 것입니다.

Put out the lamp when thou wishest.
I shall know thy darkness and shall love it.

290

하루가 끝날 때 당신 앞에 서면 당신은 저의 흉터를 보고,
제가 상처와 더불어 치유도 함께했음을 알아볼 것입니다.

When I stand before thee at the day's end thou shalt see my scars and know that I had my wounds and also my healing.

291

나는 언젠가 다른 세상의 해돋이를 보고 노래할 것입니다.
"전에 나는 지구의 빛 속에서, 사람의 사랑 속에서
당신을 보았습니다."

Some day I shall sing to thee in the sunrise of some other world,
"I have seen thee before in the light of the earth, in the love of man."

292

언제부턴가 구름은 내 삶 속으로 흘러들어
더 이상 비도 쏟지 않고 태풍도 데려오지 않고,
다만 나의 석양 하늘에 색깔만 띠게 합니다.

Clouds come floating into my life from other days no longer to shed rain or usher storm but to give colour to my sunset sky.

293

진실은 자신에게 폭풍을 일으켜 자기 씨앗을 널리 퍼뜨립니다.

Truth raises against itself the storm that scatters its seeds broadcast.

294

어젯밤의 폭풍이 오늘 아침에게 황금 평화의 왕관을 씌워줬습니다.

The storm of last night has crowned this morning with golden peace.

295

진실은 자기 최후의 말과 함께 오는 것 같습니다; 그 최후의 말이 그의 다음을 태어나게 합니다.

Truth seems to come with its final word; and the final word gives birth to its next.

296

명예가 진실보다 더 빛나지 않은 사람은 복 받은 사람입니다.

Blessed is he whose fame does not outshine his truth.

297

당신 이름의 달콤함이, 제가 제 이름을 잊었을 때 제 마음을 채워줍니다. – 아침 안개가 걷힐 때의 당신 햇살처럼.

Sweetness of thy name fills my heart when I forget mine – like thy morning sun when the mist is melted.

298

고요한 밤은 어머니의 아름다움을,
떠들썩한 낮은 아이의 아름다움을 갖고 있습니다.

The silent night has the beauty of the mother and the clamorous day of the child.

299

세상은 사람이 미소 지을 때 그를 사랑했습니다.
웃을 때는 세상이 그를 두려워하게 되었습니다.

The world loved man when he smiled. The world became afraid of him when he laughed.

300

하느님은 사람이 어린 시절을 슬기 속에서 되찾기를
기대하십니다.

God waits for man to regain his childhood in wisdom.

301

저로 하여금 이 세상이 형체를 갖춘 당신의 사랑임을 알게 하여주십시오. 그러면 저의 사랑이 세상을 돕겠습니다.

Let me feel this world as thy love taking form, then my love will help it.

302

당신의 햇살이 내 마음의 겨울날 위에서 미소 지으면서, 봄에 꽃 필 것을 의심치 않습니다.

Thy sunshine smiles upon the winter days of my heart, never doubting of its spring flowers.

303

하느님은 유한한 것에 사랑으로 입 맞추고 사람은 무한한 것에 입 맞춥니다.

God kisses the finite in his love and man the infinite.

304

당신은 황막한 시간의 사막을 건너 성취의 순간에 이릅니다.
Thou crossest desert lands of barren years to reach the moment of fulfilment.

305

하느님의 침묵이 사람의 생각을 말로 성숙되도록 합니다.
God's silence ripens man's thoughts into speech.

306

영원한 길손이시여, 당신은 제 노래를 건너
당신의 발자국을 발견할 것입니다.
Thou wilt find, Eternal Traveller, marks of thy footsteps across my songs.

307

아버지, 저로 하여금 당신이 아이들 가운데
영광을 드러내는 것을 부끄러워하지 않게 하여주십시오.

Let me not shame thee, Father, who displayest thy glory in thy children.

308

기운 없는 날입니다. 찌푸린 하늘 아래 햇빛은
마치 창백한 뺨에 눈물 자국 있는 벌받은 아이 같고,
바람 소리는 상처받은 세상의 울음 같습니다.
그러나 저는 친구를 만나러 굳이 먼 길을 갑니다.

Cheerless is the day, the light under frowning clouds is like a punished child with traces of tears on its pale cheeks, and the cry of the wind is like the cry of a wounded world. But I know I am travelling to meet my Friend.

309

세상의 맥박 같은 보름달이여,
오늘 밤 야자수 잎은 흔들리고 바다 파도는 높습니다.
당신은 어느 알 수 없는 하늘에서 사랑의 아픈 비밀을
당신 침묵 속으로 가져왔습니까?

Tonight there is a stir among the palm leaves, a swell in the sea, Full Moon, like the heart throb of the world. From what unknown sky hast thou carried in thy silence the aching secret of love?

340

나는 빛의 섬인 별을 꿈꿉니다. 그곳에서 태어나,
생기발랄한 여유의 바닷속에서 나의 삶이 가을 햇살 아래
논밭처럼 자기 과업을 완성하기를 염원합니다.

I dream of a star, an island of light, where I shall be born and in the depth of its quickening leisure my life will ripen its works like the ricefield in the autumn sun.

311

비 오는 날의 젖은 땅 냄새는 보잘것없는 조용한 만물로부터 올라와 성대한 찬송가처럼 피어오릅니다.

The smell of the wet earth in the rain rises like a great chant of praise from the voiceless multitude of the insignificant.

312

사랑이 언제든 질 수 있다는 것은
진실로 받아들일 수 없는 사실입니다.

That love can ever lose is a fact that we cannot accept as truth.

343

영혼이 얻은 것은 그 자신과 하나이기 때문에,
죽음이 우리에게서 그것을 뺏을 수 없다는 것을
우리는 언젠가 알게 될 것입니다.

We shall know some day that death can never rob us of that which our soul has gained, for her gains are one with herself.

314

하느님은 어스름한 나의 저녁 시간에, 자기 바구니에
싱싱하게 보관한 나의 과거로부터 꽃을 들고 오십니다.

God comes to me in the dusk of my evening with the flowers from my past kept fresh in his basket.

345

주인님, 제 삶의 거문고가 조율되면 당신이 튕길 때마다
사랑의 음악이 나올 것입니다.

When all the strings of my life will be tuned, my Master, then at every touch of thine will come out the music of love.

346

주님, 저로 하여금 참되게 살게 하시어,
죽음이 제게 참되도록 하여주십시오.

Let me live truly, my Lord, so that death to me become true.

347

사람의 역사는 모욕당한 사람의 승리를 위한
끈질긴 기다림입니다.

Man's history is waiting in patience for the triumph of the insulted man.

318

지금 이 순간 내 마음은, 추수가 끝난 고적한 들녘의
화창한 아침 고요처럼, 당신의 눈길을 느낍니다.

I feel thy gaze upon my heart this moment like the sunny silence of the morning upon the lonely field whose harvest is over.

319

나는 들썩이는 이 아우성의 바다를 건너
노래의 섬으로 가고 싶습니다.

I long for the Island of Songs across this heaving Sea of Shouts.

320

밤의 전주곡은 석양의 음악 속에서 칠흑 같은
어둠을 향한 장엄한 찬송가로 시작됩니다.

The prelude of the night is commenced in the music of the sunset, in its solemn hymn to the ineffable dark.

321

정상에 올라보니 음산하고 황폐한 명예의 꼭대기에는 아무 대피소도 없었습니다. 인도자여, 해가 기울기 전에 삶의 수확물이 황금 지혜로 변화될 조용한 골짜기로 저를 인도하여 주십시오.

I have scaled the peak and found no shelter in fame's bleak and barren height. Lead me, my Guide, before the light fades, into the valley of quiet where life's harvest mellows into golden wisdom.

322

황혼의 어스름 속에서는 사물이 환상적으로 보입니다. – 아랫부분이 어둠 속에 사라진 첨탑과 나무 꼭대기들은 잉크 얼룩 같습니다. 저는 아침을 기다렸다가 깨어나면 햇빛 속에 당신 도시를 보렵니다.

Things look phantastic in this dimness of the dusk – the spires whose bases are lost in the dark and tree tops like blots of ink. I shall wait for the morning and wake up to see thy city in the light.

323

나는 고통받고, 절망하고, 죽음을 알았습니다,
그리하여 내가 이 커다란 세상에 있다는 것이 즐겁습니다.

I have suffered and despaired and known death and I am glad that I am in this great world.

324

내 삶에 헐벗고 적막한 곳이 있습니다. 그곳은 나의 바쁜 날들이 빛과 공기를 향유했던 트인 공간입니다.

There are tracts in my life that are bare and silent. They are the open spaces where my busy days had their light and air.

325

제 등 뒤에 붙어서 죽음을 어렵게 하는
불충실한 저의 과거로부터 저를 해방시켜 주십시오.

Release me from my unfulfilled past clinging to me from behind making death difficult.

326

이것이 저의 마지막 말이 되게 하여주십시오,
저는 당신의 사랑을 믿습니다.

Let this be my last word, that I trust in thy love.

길 잃은 새

초판 1쇄 인쇄 2018년 7월 15일
초판 1쇄 발행 2018년 7월 20일

지은이 라빈드라나드 타고르
옮긴이 최병국
펴낸이 金泰奉
펴낸곳 한솜미디어
등록 제5-213호

편집 박창서 김수정
마케팅 김명준
홍보 김태일

주소 05044 서울시 광진구 아차산로413
　　　(구의동 243-22)
전화 02)454-0492(代)
팩스 02)454-0493
이메일 hansom@hansom.co.kr
홈페이지 www.hansom.co.kr

값 8,000원
ISBN 978-89-5959-494-8 (03840)

* 잘못 만들어진 책은 구입하신 서점에서 바꿔드립니다.
* 이 책은 아모레퍼시픽의 아리따 글꼴을 사용하여 편집되었습니다.